Confiança

COMPARTILHE IDÉIAS, INSIGHTS E PERCEPÇÕES

As idéias de Stephen R. Covey e outros pensadores para atingir o sucesso que você procura

A MISSÃO DA NEGÓCIO EDITORA

Produzir leitura de qualidade, levando ao leitor informações e tendências que ajudem a desenvolver seus conhecimentos e percepções. Nossa missão é apoiar os leitores na realização de seus objetivos pessoais e profissionais.

Boa Leitura!

Confiança

COMPARTILHE IDÉIAS, INSIGHTS E PERCEPÇÕES

As idéias de Stephen R. Covey e outros pensadores para atingir o sucesso que você procura

Revisão Técnica: Marco Antonio Imperador
Consultor Senior Franklin Covey

Tradução: Flávia Rössler

ELSEVIER

NEGÓCIO EDITORA

Do original: *The Portable 7 Habits*™ – *Trust*

Copidesque
Claudia Amorim
Editoração Eletrônica
Estúdio Castellani
Revisão Gráfica
Edna Cavalcanti
Projeto Gráfico
Editora Campus Ltda.
A Qualidade da Informação.
Rua Sete de Setembro, 111 – 16º andar
20050-006 Rio de Janeiro RJ Brasil
Telefone: (21) 3970-9300 FAX: (21) 2507-1991
E-mail: *info@campus.com.br*
Filial Campus:
Rua Elvira Ferraz, 198
04552-040 Vila Olímpia São Paulo SP
Tel.: (11) 3841-8555

ISBN 85-758-9025-5
Edição original ISBN: 1-929494-13-0

CIP-Brasil. Catalogação-na-fonte.
Sindicato Nacional dos Editores de Livros, RJ

C759 Confiança : compartilhe idéias, insights e percepção / Franklin Covey ; tradução de Flávia Rössler. – Rio de Janeiro : Campus, 2003

Tradução de : The Portable 7 Habits : Trust
Adaptação de : Os 7 Hábitos das Pessoas Altamente Eficazes / Stephen R. Covey
ISBN 85-758-9025-5

1. Sucesso – Aspectos psicológicos. 2. Auto-realização (Psicologia). 3. Conduta. 4. Confiança (Psicologia). I. Covey, Stephen R. II. Franklin Covey (Firma).

03-1380. CDD — 158.1
CDU — 159.947

03 04 05 06 07 5 4 3 2 1

SUMÁRIO

Quando estamos perturbados, colocamos *abafadores de medo* nos ouvidos. Ouvimos com os corações partidos, os egos despedaçados e com raiva. Em momentos como esses, palavras inofensivas assumem significados enormes, e os menores e mais inocentes gestos se transformam em movimentos ameaçadores. Você pode imaginar que está sendo atacado quando na verdade está sendo consolado. Pode pensar que está sendo criticado quando de fato está recebendo apoio. Se você sabe que está perturbado ou se sente vulnerável, pergunte aos outros o que estão dizendo antes de tirar uma conclusão sobre o que disseram.

– IYANLA VANZANT

INTRODUÇÃO

A maneira como os outros se comunicam com você e como você ouve e reage a eles está diretamente relacionada com a qualidade de seus relacionamentos. Para tornar-se um bom ouvinte basta dedicar atenção aos outros e desejar ouvir o sentido por trás das palavras antes de atacar com sua história.

À medida que folhear estas páginas, absorva com coração, mente, corpo e alma os conselhos nelas contidos. Reflita sobre o que leu. Avalie como comunicar-se com mais eficácia no seu dia-a-dia e o que é preciso para que isso aconteça. Deixe que a sabedoria o inspire a escutar melhor e use a empatia para transformar e enriquecer seus relacionamentos.

Em essência, faça com que procurar primeiro compreender, depois ser compreendido se transforme em um hábito.

HÁBITO 5: PROCURE PRIMEIRO COMPREENDER, DEPOIS SER COMPREENDIDO

Escute as pessoas com sinceridade.

COMUNICAÇÃO

Antes que os problemas apareçam, antes de tentar avaliar e prescrever, antes de apresentar suas próprias idéias – procure compreender. Quando procuramos compreender real e profundamente uns aos outros, abrimos as portas para soluções criativas e terceiras alternativas. Nossas diferenças deixam de ser obstáculos para a comunicação e o progresso.

– STEPHEN R. COVEY, *Os 7 Hábitos das Pessoas Altamente Eficazes*

Embora a língua pese muito pouco,
POUCAS PESSOAS
CONSEGUEM DOMINÁ-LA.

– AUTOR DESCONHECIDO

BOA COMUNICAÇÃO

é tão estimulante quanto café preto, e nos faz perder o sono da mesma maneira.

– ANNE MORROW LINDBERGH

Foi difícil fazer contato com você. Você estava o tempo todo em comunicação consigo mesmo. **A linha estava ocupada.**

– MARY, MARY

Alô, você ligou para uma pessoa que nunca escuta. Seu telefonema é muito importante para mim, mas estou envolvido demais em um circuito telefônico emocional para lhe dar atenção neste exato momento. Um operador o atenderá dentro de instantes. Enquanto espera, queira por gentileza preparar as seguintes aptidões: disposição para lidar com minha falta de comunicação, minha eterna indisponibilidade emocional e minha falta de empatia para com qualquer de seus supostos problemas. A capacidade de escutar-me sempre, ainda que eu não o escute, também ajuda. E acima de tudo, nenhuma queixa. Antes de prosseguir, por favor considere as seguintes opções: **Tecle 1** para eliminar questões de rejeição. **Tecle 2** para abandonar a integridade. **Tecle 3** para desistir de qualquer idéia de compartilhamento. **Tecle 4** para desligar e ter automaticamente um relacionamento com alguém com quem você possa "falar". Se quiser justificar sua existência, sentir suas emoções, ou jogar um voleibol verbal, por favor aguarde na linha. Se quiser perguntar como me sinto com isso, por favor desligue e dirija-se imediatamente ao terapeuta New Age de sua preferência. A qualquer momento, **tecle 0** para curtir a própria vida. Compreendo que esse processo possa ser confuso e eu gostaria de poder ajudar, mas estou em outra linha providenciando meu cancelamento e meu radar está desligado. Seu telefonema é muito importante para mim. Chamarei de volta, mas não nesta existência. Por favor, continue na linha. Ou não.

Duas pessoas podem

conversar sob o mesmo

teto por muitos anos e ainda

assim nunca realmente

se encontrarem.

– MARY CATHERWOOD

Tá falando comigo?

– *TAXI DRIVER*

Acho que, se uma pessoa tem problemas de comunicação, o mínimo que ela pode fazer é

CALAR A BOCA.

– TOM LEHRER

ESPELHO, ESPELHO

Experimente com um colega ou amigo as formas de iniciar uma conversa apresentadas a seguir. Faça com que a pessoa repita para você o que foi dito. Quando o que foi dito tiver sido compreendido pelos dois, diga "obrigado por compreender" e passe para a frase seguinte. Se o que foi dito tocar em uma área particularmente problemática de seu relacionamento, atenha-se a uma idéia de cada vez e explore-a mais a fundo usando a técnica do espelho.

Tenho percebido ultimamente ______________________

Estou intrigado com ______________________

Eu gostaria de ______________________

Quando você (comportamento), sinto ______________________

O que quero é ______________________

Como é possível que nós ______________________

O que posso fazer para ______________________

Agradeço seu ______________________

O que me assusta é ______________________

Sinto-me tranqüilo quando ______________________

Se tentamos escutar, achamos extremamente difícil, porque estamos sempre projetando nossas opiniões e idéias, nossos preconceitos, nossa formação, nossas tendências, nossos impulsos, e quando eles prevalecem, quase não ouvimos o que está sendo dito... A pessoa ouve e por isso aprende, apenas em silêncio.

– KRISHNAMURTI

Por que

sempre que é certo que uma coisa vai acontecer, ela não acontece?

– MARCELENE COX

A melhor maneira de ter a última palavra é pedir desculpas.

EMPATIA

A escuta empática é tão poderosa porque lhe dá informações precisas com as quais trabalhar. Em lugar de projetar sua própria biografia e presumir pensamentos, sentimentos, motivos e interpretações, você lida com a realidade que existe dentro do coração e da mente da outra pessoa.

– STEPHEN R. COVEY, *Os 7 Hábitos das Pessoas Altamente Eficazes*

Acho que é importante saber como a água transbordou da barragem antes de começar a descrever o que aconteceu. Seria de grande ajuda você mesmo ter estado sobre a barragem

– E. ANNIE PROULX

Por que as pessoas com a mente fechada sempre abrem a boca?

A EMPATIA

caminha com outra pessoa rumo aos profundos compartimentos de seu *eu* – embora ainda mantenha certo distanciamento. Isso envolve experimentar os sentimentos do outro sem perder a própria identidade... Quando alguém perde a capacidade de separar seus próprios sentimentos dos sentimentos da outra pessoa, deixa de ter empatia.

– ROBERT BOLTON

Compaixão é a extrema e mais significativa representação da maturidade emocional. É pela compaixão que a pessoa alcança o ponto mais elevado e o mais profundo na sua busca pela auto-realização.

– ARTHUR JERSILD

Se eu quiser sua opinião,

pedirei que você preencha os formulários necessários.

As pessoas com as quais mais gostamos de conversar são as que demonstram empatia por nós – as que deixam claro que se identificam com o que sentimos e com o que dizemos... Os melhores entrevistadores de televisão têm essa qualidade em comum. Chamo-os de **"comiseradores"**.

– LARRY KING

Quando você pergunta a uma mulher o que ela está sentindo e não obtém resposta, significa que:

a. Ela não escutou.

b. Ela desmaiou.

c. Não aconteceu nada. Dizer que as mulheres querem falar sobre seus sentimentos o tempo

Escutar

é a arte pela qual usamos empatia para vencer o espaço que existe entre nós. A atenção passiva não funciona.

– MICHAEL P. NICHOLS

DIGA O QUE TEM A DIZER

SEJA FRANCO

MAS NÃO TRANSFORME A FRANQUEZA EM CRUELDADE.

Como tornar-se um OUVINTE EMPÁTICO

1. Acostume-se a dizer "Não se apresse, estou ouvindo", e realmente faça-o com convicção.

2. Deixe sua agenda de lado.

3. Mostre-se disponível e receptivo por meio das emoções e também pela linguagem corporal.

4. Tente dar valor ao ponto de vista dos outros.

5. Ouça sem ter pressa de assumir o comando.

6. Imagine-se no lugar do outro; sinta o que o interlocutor sente.

7. Procure atrair idéias e sentimentos por meio de perguntas.

8. Faça com que o orador se prepare para uma melhor compreensão.

9. Diga "Deixe-me ver se entendi..." e repita o que foi discutido.

10. Seja sensível aos sentimentos do interlocutor.

Uma das razões para o cachorro representar um conforto tão grande quando nos sentimos tristes é que ele não tenta saber motivos.

– AUTOR DESCONHECIDO

ESCUTA

Saber que preciso escutar e saber como escutar não é o suficiente. A não ser que eu queira escutar, que realmente deseje fazê-lo, isso não se tornará um hábito em minha vida.

– STEPHEN R. COVEY, *Os 7 Hábitos das Pessoas Altamente Eficazes*

Quando você escuta alguém,

ACALMA SUA TAGARELICE INTERIOR.

Não fique preocupado com o que vai responder. E, acima de tudo, morda com força a língua quando tiver vontade de dizer: "Não é assim que eu faria."

Quando você sabe escutar bem, as pessoas tendem a falar mais. Mike Wallace é ótimo nisso. Se alguém der uma resposta incompleta e Mike não disser nada, o outro vai se apressar a quebrar o silêncio.

– ED BRADLEY

A escuta autêntica implica suspender memória, desejo e julgamento – e, pelo menos por alguns momentos, existir para a outra pessoa.

– MICHAEL P. NICHOLS

VOCÊ TEM O DIREITO DE PERMANECER CALADO,

portanto sinta-se à vontade para fazê-lo enquanto eu estiver falando.

O contrário de falar não é escutar. O contrário de falar é esperar.

– FRAN LEIBOWITZ

Entendemos, mas apenas quando nosso íntimo está em silêncio falamos realmente com clareza.

– SEAL

ESTEJA PRESENTE POR INTEIRO.

A *escuta empática* exige tempo. Mas exige muito menos tempo do que o necessário para voltar atrás e corrigir mal-entendidos quando já se percorreu um longo caminho, para recomeçar, conviver com problemas reprimidos e mal resolvidos e lidar com as conseqüências de **não dar "ar psicológico" às pessoas.**

– STEPHEN R. COVEY

Diretrizes para uma escuta influente

1. Escute fazendo uma conexão mente-coração.

2. Escute com a intenção de compreender.

3. Escute a mensagem e a mensagem por trás da mensagem.

4. Escute tanto pelo conteúdo quanto pelos sentimentos envolvidos.

5. Escute com os olhos – sua audição ficará melhor.

6. Escute os interesses dos outros, não apenas suas posições.

7. Escute o que eles estão dizendo e o que não estão.

8. Escute com empatia e aceitação.

9. Escute as áreas em que eles têm medo e mágoa.

10. Escute como você gostaria de ser escutado.

– ERIC ALLENBAUGH

Não é chato... como as pessoas sempre querem contar-lhe as próprias histórias em vez de ouvir as suas? Suponho que seja por isso que psiquiatras são melhores do que amigos; o ouvinte pago não interrompe para contar suas próprias experiências.

– HELLEN VAN SYKE

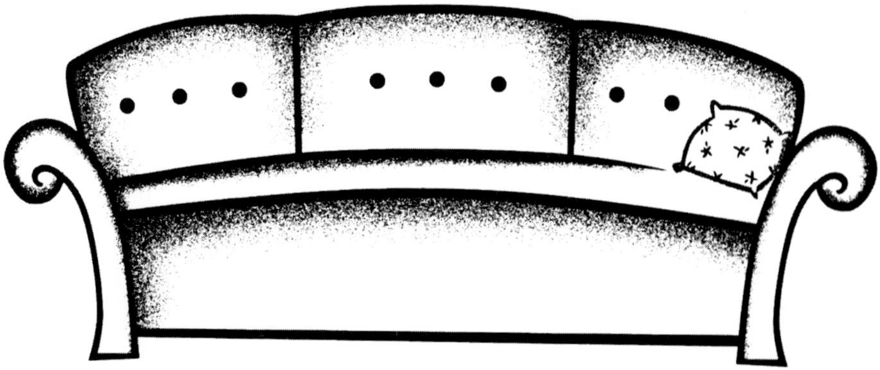

Um ouvido solidário não deve ser desperdiçado.

PERCEPÇÃO

À medida que você aprende a ouvir profundamente as outras pessoas, descobre grandes diferenças em sua percepção. Também começa a valorizar o impacto que essas diferenças podem provocar quando as pessoas tentam trabalhar juntas em situações interdependentes.

– STEPHEN R. COVEY, *Os 7 Hábitos das Pessoas Altamente Eficazes*

REALMENTE NÃO QUERO ME

COMUNICAR.

QUERO APENAS SER

COMPREENDIDO.

– ©ASHLEIGH BRILLIANT

Muitos comportamentos aparentemente inexplicáveis – demonstrações de aproximação ou rejeição – ocorrem porque os outros reagem ao nosso modo de falar de maneiras que os levam a conclusões das quais nunca suspeitamos. **Muitos de nossos motivos, tão óbvios para nós, jamais são percebidos pelas pessoas com as quais falamos.** Muitos exemplos de indelicadeza, teimosia, falta de consideração ou recusa de cooperação são realmente causados por diferenças no estilo da conversa.

– DEBORAH TANNEN

O maior salto que se pode dar é o salto para a conclusão.

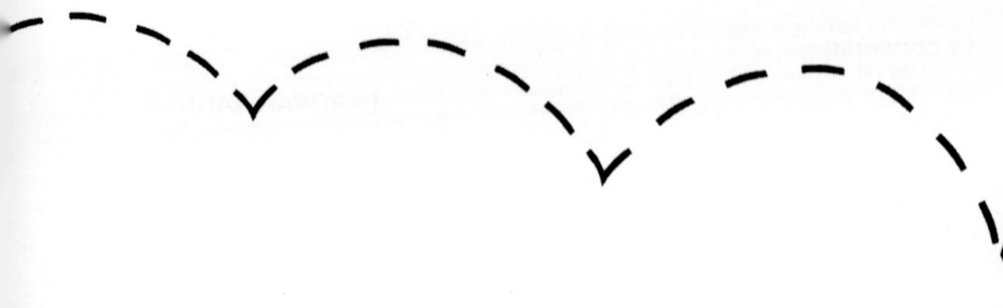

Quando alguém próximo traz à baila uma questão recorrente, algumas pessoas ficam irritadas e dizem coisas como **"Quantas vezes precisamos voltar ao assunto?".** Essas retaliações fazem sentido quando você sente que as queixas apresentadas dão a entender que é responsabilidade ou obrigação sua solucionar qualquer problema de que a pessoa esteja se queixando. Mas é realmente obrigação sua?... Quando você compreende que a reclamação dos outros sobre o que os incomoda os faz sentir melhor unicamente porque alguém os está escutando, relaxe, pois significa que ouvir apenas, sem se tornar reativo, pode fazer com que as duas partes se sintam melhor.

– MICHAEL P. NICHOLS

Já parou para pensar e esqueceu de recomeçar?

Muitas vezes reflito sobre a natureza da verdadeira sinceridade humana, da **verdadeira transparência.** Esse é um bem raro e difícil; e como depende das pessoas que estão escutando! Há aquelas que derrubam barreiras e abrem caminho suavemente; as que forçam as portas e entram em nosso território como invasores; as que fazem barricadas para nos impedir de entrar, nos aprisionam dentro de nós mesmos, cavam fossos e constroem apressadamente muros ao nosso redor; as que nos deixam fora de sintonia e ouvem apenas nossas notas desafinadas; há também aquelas para quem sempre continuamos estrangeiros, falando uma língua desconhecida. E quando chega a nossa vez de escutar, quais dessas pessoas somos nós?

– AUTOR DESCONHECIDO

Sem boa comunicação, um relacionamento é apenas um recipiente oco que leva você para uma jornada frustrante carregada dos perigos causados por confusão, projeção e equívoco.

– CHÉRIE CARTER-SCOTT

Deixe

de lado sua mania de querer estar certo, e num instante sua mente ficará mais aberta. Você consegue se beneficiar dos pontos de vista únicos das outras pessoas, sem ser prejudicado por seu próprio julgamento.

– RALPH MARSTON

Quando quiser medir o mérito de alguém, ponha a fita métrica em torno do coração e não da cabeça.

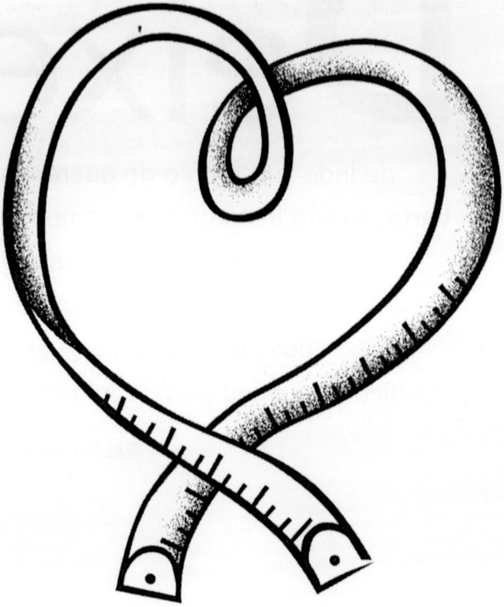

Tá entendendo?

Durante um papo qualquer de quinze minutos, a pergunta "tá entendendo?" surge inúmeras vezes. Preste atenção nas suas conversas. Você provavelmente nem percebe que usa essa inocente pergunta mais de duzentas vezes por dia. Quando se der conta do quanto isso faz você parecer pouco profissional, será mais fácil reprimir a sua tendência de falar assim. Tá entendendo?

Você consegue ouvir o que NÃO está sendo dito?

CONFIANÇA

A confiança é a mais alta forma de motivação humana. Ela mostra o que de melhor existe nas pessoas. Mas demanda tempo e paciência, e não exclui a necessidade de treinar e desenvolver as pessoas de modo que sua competência possa crescer e alcançar o nível daquela confiança.

– STEPHEN R. COVEY, *Os 7 Hábitos das Pessoas Altamente Eficazes*

Você precisa

escolher a voz

na qual confiará.

Não é possível escutar todas as pessoas.

– ALICE HOFFMAN

Bastava ficar
ali sentado,
sem dizer nada.

– LOUISE ERDRICH

O lado ruim

de ser atraído por pessoas que não estão disponíveis é ser tão incomodado por pessoas disponíveis. As pessoas disponíveis assustam, porque querem grudar em você o tempo que julgarem necessário para conhecê-lo, admirá-lo, aceitá-lo. O problema não é você atrair pessoas que não estão disponíveis – o problema é dar a elas seu número de telefone.

– MARIANNE WILLIAMSON

AS DEZ MAIORES MENTIRAS DE TODOS OS TEMPOS

10

Eu te ligo.

9

Vou trabalhar até tarde hoje.

8

Tenho (insira uma idade – em geral cinco anos menos) anos.

7

Estou com (insira um peso – em geral cinco quilos menos) quilos.

6

Pode deixar, eu tomo conta.

5

Não é você. Sou eu.

4

Prometo que não conto para ninguém.

3

Fiquei preso no trânsito.

2

Vamos almoçar qualquer dia desses.

1

CONFIE EM MIM.

Estou **seguro**
sendo **eu**
quando estou
com **você?**

Quando você quebra sua palavra, quebra a única coisa que não pode ser consertada.

– AUTOR DESCONHECIDO

Assim como o contágio com doença traz doença, o contágio com confiança pode trazer confiança.

– MARIANNE MOORE

Para aumentar a credibilidade é preciso

TRANSPARÊNCIA.

Agendas escondidas destroem a confiança.

– JUDITH M. BARDWICK

Você é fofoqueiro ou detesta mexerico?

Você não precisa ser o buraco negro da informação para que seus amigos e colegas lhe confiem seus segredos. Na verdade, há momentos na vida em que bico calado não é o mais indicado. Se você oculta informações que poderiam ajudar alguém, elas não têm valor por muito tempo. É preciso saber quando falar francamente e quando manter a boca fechada. Por outro lado, se você é um fofoqueiro crônico e não consegue guardar um segredo nem para salvar a própria vida, imagine se a pessoa sobre a qual você está falando estiver às suas costas e entreouvir cada palavra. Porém, um pouco de fofoca é normal, contanto que você não esteja usando uma retroescavadeira. Na verdade, ela pode simplesmente soterrar seus relacionamentos mais importantes.

A ponte que você queima agora pode ser a que terá de atravessar mais tarde.

Você não vai me fazer ter um dia ruim. Se houver oxigênio na Terra e eu estiver respirando, será um dia bom.

– COTTON FITZSIMMONS

CLAREZA

Quando você consegue expor suas próprias idéias com clareza, detalhamento, visibilidade e, mais importante, dentro de um contexto – o contexto da profunda compreensão dos paradigmas e interesses dos outros –, aumenta significativamente a credibilidade de suas idéias.

– STEPHEN R. COVEY, *Os 7 Hábitos das Pessoas Altamente Eficazes*

Se alguma coisa que dissemos pode ser interpretada de duas maneiras, e uma dessas maneiras deixa você triste e chateado, é porque **pretendíamos dizer da outra maneira.**

– *RULES THAT MEN WISH EVERY WOMAN KNEW*

Você apresenta para seu marido uma longa lista de projetos para melhorar sua casa, diz que gostaria de vê-los realizados, e ele responde "sim, querida". Nesse contexto, "sim, querida" significa:

a. Sim, querida.

b. Talvez, querida.

c. Ok, você está certa.

d. Da próxima vez case com um empreiteiro.

[A resposta certa é **d**, a não ser que você já esteja casada com um empreiteiro, caso em que a resposta certa é **c**.]

– *THE NATIONAL STANDARDIZED LOVE TEST*

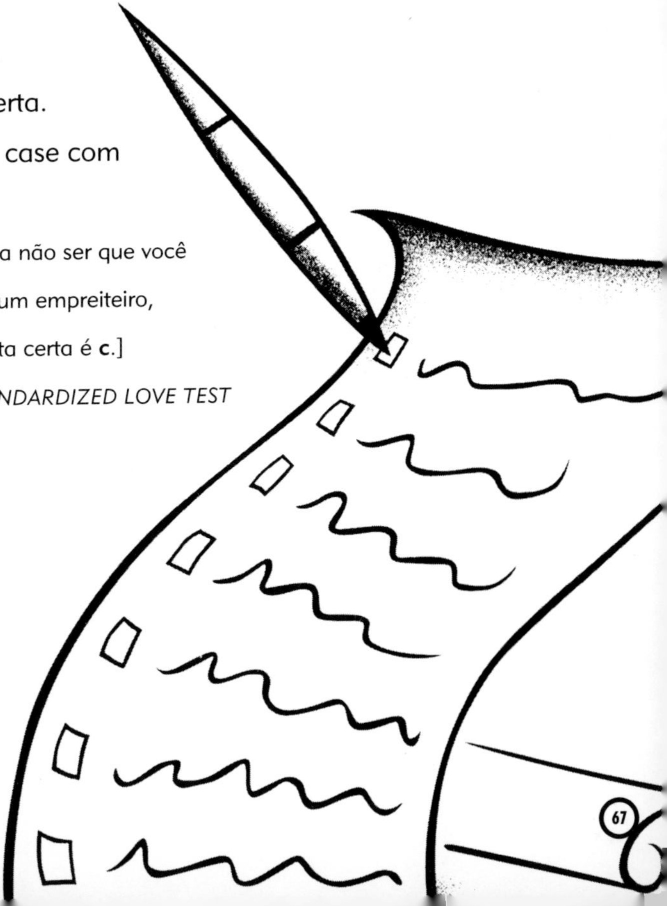

Uma

pessoa

que fala depressa

muitas vezes diz coisas

sobre as quais ainda não pensou.

– CARON WARNER LIEBER

AMBIVALENTE?

Bem, sim e não.

Na comunicação, o objetivo não é julgar, mas ser compreendido.

Para conseguir o que queremos, precisamos dizer o que temos a dizer. Para dizer o que temos a dizer, precisamos saber o que queremos. Quando sabemos o que queremos, podemos pensar e falar positivamente com

grandes expectativas.

– IYANLA VANZANT

Não diga simplesmente a uma pessoa que você quer e espera "mais" dela e ponto final. Você precisa ser claro com relação ao que esse "mais" significa antes que alguma outra pessoa o faça.

VALIDAÇÃO

Depois de sobrevivência física, a maior necessidade do ser humano é a sobrevivência psicológica – ser compreendido, confirmado, validado, valorizado.

– STEPHEN R. COVEY, *Os 7 Hábitos das Pessoas Altamente Eficazes*

É rara a pessoa que quer ouvir o que não quer ouvir.

– DICK CAVETT

Meu namorado e eu vamos fazer um passeio de carro.

Ele está dirigindo e diz:
"Vou pegar a Via 295 até a ponte.
O que você acha?"

Respondo: **"BERFLEGUM RIPEL DIP."**

Ele diz:
"Estou com fome. Vou parar num restaurante.
O que você acha?"

Respondo: **"QUIDI DIDO QUANQUE BLURPE."**

Por que estou usando uma linguagem ininteligível?

Porque quero ser compreendida. Ele é um desses tipos novos, sensíveis, que sabem o suficiente para perguntar o que acho – mas que ainda não evoluíram ao ponto de se preocupar com a resposta.

– FLASH ROSENBERG

Adoro que você sinta frio quando faz 22 graus lá fora. Adoro que leve uma hora e meia para escolher um sanduíche. Adoro aquele franzido acima do seu nariz quando você me olha como seu eu fosse um bobo. Adoro que depois de um dia inteiro com você eu ainda sinta seu perfume em minhas roupas. E adoro que você seja a última pessoa com quem quero falar de noite, antes de dormir. E não é porque eu esteja sozinho e não é por ser Ano Novo. Vim aqui esta noite porque, quando a gente percebe que quer passar o resto da vida com alguém, quer que o resto da vida comece o mais depressa possível.

– HARRY E SALLY

Nunca deixe que um problema a ser resolvido se torne mais importante do que uma pessoa a ser amada.

– BARBARA JOHNSON

Quando você dá uma opinião ou um conselho e a pessoa não o segue, ela de fato pediu sua orientação?

Ou você simplesmente imaginou

que ela gostaria de se aconselhar com o sabe-tudo-o-tempo-todo?

Um
pedaço de nós
está em cada
uma das pessoas
com as quais
alguma vez
cruzamos.

– STEPHEN R. COVEY

Se alguma coisa dá errado, fui eu que fiz.

Se alguma coisa dá mais ou menos certo, fomos nós que fizemos.

Se alguma coisa dá certo de verdade, foram vocês que fizeram.

Basta seguir este princípio para fazer com que um time de futebol seja campeão.

– TÉCNICO PAUL "BEAR" BRYANT

Os vencedores na vida

pensam sempre em termos de

EU POSSO,

EU FAÇO

e

EU SOU.

Os perdedores, ao contrário,

concentram seus pensamentos

no que deveriam ter feito, poderiam

ter feito ou no que não conseguem fazer.

– DENIS WAITLEY

Veni, vidi, verily – vim, vi, colaborei.

RECONHECIMENTO

Quanto mais profundamente você entende as pessoas, mais gosta delas, mais as respeita. Tocar a alma de outro ser humano é pisar em solo sagrado.

– STEPHEN R. COVEY, *Os 7 Hábitos das Pessoas Altamente Eficazes*

Descobri mais ocasiões em que eu estou certo e você está errado

– não está ansioso para ouvir quais são?

– ©ASHLEIGH BRILLIANT

Não olhe por cima dos

ombros dos outros.

Olhe dentro de seus olhos.

Não fale com seus filhos sem lhes dar atenção.

Tome seus rostos entre as mãos e fale diretamente a eles.

Não faça amor com um corpo, faça amor com uma pessoa.

– LEO BUSCAGLIA

AGÜENTE FIRME O QUE PODE DERRUBÁ-LO

Na próxima vez em que lhe derem uma opinião que você não pediu, ou que o insultarem, agradeça a opinião e siga em frente. As pessoas que gostam de botar as outras para baixo não acham graça quando percebem que o outro não reagiu com ressentimento. A última coisa que você quer é trocar farpas. Lembre-se de como é triste alguém recorrer à crueldade para se sentir melhor. Além disso, um muito obrigado coloca você na posição de poder e o insulto perde o impacto.

Podemos Conversar?

Raramente fico sem ter o que dizer. No meu caso, falar é uma função biológica natural, como respirar – faço isso o tempo inteiro. Contudo, meu marido consegue ficar sem falar durante horas, dias até. O silêncio é ensurdecedor. "Alguma coisa o está incomodando?" eu pergunto, embora perceba que extrair palavras da boca de um homem no meio de um período de silêncio é tão inútil quanto tentar fazer uma ligação telefônica quando a linha está muda.

– MARGO KAUFMAN

Só quero vingança.

Isso é assim tão ruim?

Numa palavra,

SIM.

O que significa de fato "chegar ao meio-termo"? Quando chegamos no meio, o que devemos fazer? O que há à nossa frente? Quem vai dar o primeiro passo depois do meio? Quando uma pessoa diz "Estou com você e não abro", o que ela está querendo dizer? Você está comigo onde? Abrindo o quê?

Até que assumamos o compromisso de nos comunicar clara e efetivamente em nossos relacionamentos, continuaremos no meio-termo e ninguém vai estar abrindo coisa alguma.

– IYANLA VANZANT

Não há limite para o que podemos realizar
– se para nós não importar quem recebe o mérito.

A TELEVISÃO provou que as pessoas preferem olhar para qualquer coisa a olhar umas para as outras.

– ANN LANDERS

A maioria das pessoas sabe como não dizer nada,

mas poucas sabem quando.

INTERPRETAÇÃO

De nada valerão os conselhos bem-intencionados do mundo se não atacarmos o verdadeiro problema. E nunca chegaremos ao problema se estivermos tão presos à nossa autobiografia que não conseguimos ver o mundo sob outra perspectiva.

– STEPHEN R. COVEY, *Os 7 Hábitos das Pessoas Altamente Eficazes*

A única profecia que **nunca** se concretiza é:

"Você ainda vai me agradecer por ter lhe contado isso."

– JUDITH MARTIN

O que você vê e ouve depende em grande parte de onde você está: depende também do tipo de pessoa que você é.

– C.S. LEWIS

Use "MAS" e "TALVEZ" com parcimônia.

Você convida uma mulher para jantar e ela diz: "Desculpe, preciso ficar em casa e esfoliar." Nesse contexto, esfoliar significa:

a. Esfregar um creme levemente abrasivo no rosto para retirar as células mortas.

b. Preparar-se para um encontro com outra pessoa.

c. Assistir televisão, comer chocolate e perguntar aos céus por que ninguém realmente legal a convida para sair.

[As respostas **b** e **c** podem estar corretas. Se tiver escolhido *a*, o que você é afinal, um homem ou uma revendedora Avon?]

– *THE NATIONAL STANDARDIZED LOVE TEST*

Se você quer ser feliz,

SEJA.

– LEON TOLSTOI

O verdadeiro ser humano

é aquele que está atento,

aquele que está, o tempo

inteiro, total e

completamente

incorporado à vida.

Dessa capacidade

de escutar o mundo interior

e o exterior provém a virtude

da humildade.

– JOSEPH RAEL

P.

que "levaria tempo demais para explicar" realmente significa?

R.

Não tenho a menor idéia de como isso funciona.

Se devemos ter a coragem de ser nós mesmos, de nos manter firmes em nossas próprias pernas, então precisamos aceitar e reconhecer que as outras pessoas são também elas mesmas e que têm direito aos seus próprios pontos de vista. A idéia não é nos distanciarmos dos outros, mas permitir que eles sejam eles mesmos enquanto nós continuamos a ser nós mesmos... Tentar compreender o ponto de vista de outra pessoa requer esforço, mas isso não é apenas uma aptidão a ser estudada e praticada. Ouvir alguém até o fim é demonstrar

atenção suficiente para escutar.

– MICHAEL P. NICHOLS

É melhor ser capaz de fazer algumas perguntas do que saber todas as respostas.

– JAMES THURBER

Tenho medo de acordar uma manhã dessas e descobrir que sou a metade de um daqueles casais que sempre vejo em comerciais, que falam com emoção e convicção sobre os cereais do café da manhã e que na verdade partilham aquele momento especial discutindo migalhas.

– MERRILL MARKOE

Se é para ser sempre do seu jeito ou nada feito,

é hora de encontrar um outro jeito.

APRESENTAÇÃO

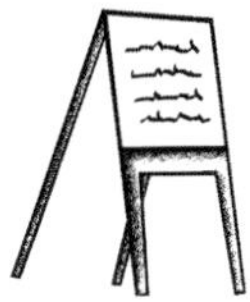

Quanto mais autêntico você se mostrar, sobretudo com referência a experiências pessoais e dúvidas interiores, mais as pessoas poderão contar com você e sentir-se seguras para expressar seus sentimentos... dando origem a novos *insights*, aprendizados e inspirações, além de um sentido de aventura que mantém a dinâmica do processo.

– STEPHEN R. COVEY, *Os 7 Hábitos das Pessoas Altamente Eficazes*

Há dez anos na costa leste, depois de uma vida inteira na oeste, receio ter me tornado um híbrido, inadequado a ambos os lados. Sou rápido demais para a Califórnia, mas alegre demais para Nova York. (Embora mais uns dois anos aqui talvez dessem um jeito nisso.) Os californianos me acham grosseiro porque adotei uma prática comum em Nova York, que chamo de "escuta participativa" e eles chamam de "interrupção". Os novaiorquinos acham que quando criança sofri algum tipo de lesão cerebral causada por cítricos, que me faz esperar até eles quase acabarem uma frase para responder.

– JUDITH STONE

Seu modo de expressar uma crítica é importante. Deixe a outra pessoa saber que você quer falar em determinado momento em vez de começar uma briga. Seja sensível e calmo. Fale sobre seus sentimentos, não sobre os defeitos do outro. Lembre-se do que vocês têm em comum, não do que os separa.

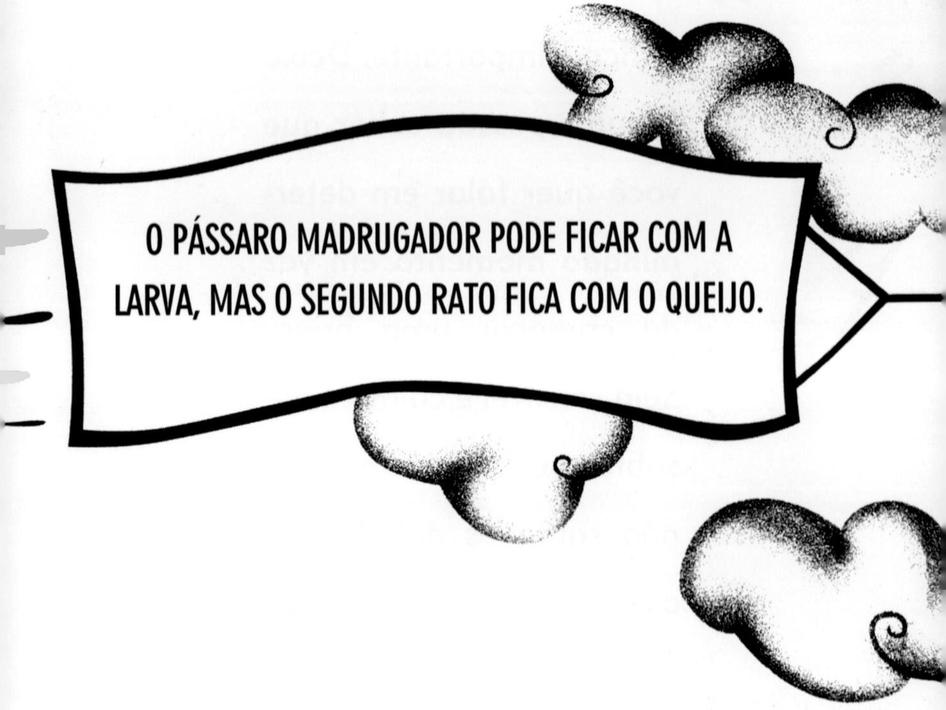
O PÁSSARO MADRUGADOR PODE FICAR COM A LARVA, MAS O SEGUNDO RATO FICA COM O QUEIJO.

Você simplesmente não consegue se comunicar bem. Especialistas dizem que é preciso repetir alguma coisa ao adulto médio seis vezes até que ela seja internalizada. O desafio passa a ser comunicar uma mensagem com tanta criatividade que ela precise ser dita apenas uma vez.

– BARBARA A. GANZ

Passei a acreditar cada vez mais que o que é importante para mim precisa ser dito, verbalizado e partilhado, ainda que corra o risco de ser deturpado ou mal interpretado.

Que falar me traz benefícios,

acima de qualquer outro efeito.

– AUDRE LORDE

DIPLOMACIA

não é a arte de deixar alguém ter o seu jeito.

O QUE OS *Melhores Entrevistadores* TÊM EM COMUM

- Todos vêem as coisas sob um novo prisma, adotando pontos de vista inesperados sobre assuntos triviais.
- Têm horizontes amplos. Pensam e falam sobre uma grande variedade de assuntos e experiências que ultrapassam suas vidas cotidianas.
- São entusiásticos, revelam uma paixão pelo que estão fazendo com suas vidas e um interesse pelo que você está lhes dizendo naquele momento.
- Não falam sobre si o tempo todo.
- São curiosos. Perguntam "Por quê?" Querem saber mais sobre o que você está contando para eles.
- Têm empatia. Tentam colocar-se no seu lugar, para se identificar com o que você está dizendo.
- Têm senso de humor. E não se importam de usá-lo com eles mesmos. Na verdade, os melhores entrevistadores muitas vezes contam suas próprias histórias.
- Têm um estilo próprio de conversar.

– LARRY KING

Todas as pessoas têm uma literatura dentro de si. Mas quando elas perdem essa linguagem, quando precisam pôr os pensamentos em ordem de uma hora para a outra – aí é que eu mais gosto. Aí é que reside o caráter.

– ANNA DEAVERE SMITH

Outras pessoas talvez compliquem nossa vida, mas a vida sem elas seria insuportavelmente solitária... **Ninguém consegue ser verdadeiramente humano no isolamento.** As qualidades que nos tornam humanos se originam apenas do modo como nos relacionamos com os outros.

– HAROLD KUSHNER

SOBRE A FRANKLIN COVEY

A Franklin Covey é a maior empresa no mundo em treinamento de executivos em liderança e gerenciamento pessoal e de tempo. Com base em dados comprovados, nossos serviços e produtos são utilizados por mais de 15 milhões de pessoas ao redor do mundo. Trabalhamos com uma grande variedade de clientes, com material das *500 mais* da revista *Fortune* e também com empresas de menor porte, comunidades e organizações. Você talvez já nos conheça por intermédio do *Planificador Franklin* ou de algum dos livros da série *Os 7 hábitos*. A propósito, os livros da Franklin Covey venderam 15 milhões de cópias no mundo inteiro – mais de um milhão e meio por ano. Mas o que talvez você não saiba sobre a Franklin Covey é que também oferecemos treinamento em liderança, workshops sobre motivação, preparação individual, fitas de áudio e de vídeo e a revista *PRIORITIES*, para mencionar apenas parte do que fazemos.

Qual foi sua opinião sobre este livro?

Gostaríamos de receber suas sugestões e comentários a respeito deste livro. Também apreciaríamos mantê-lo informado sobre novos lançamentos e nossos treinamentos oferecidos no Brasil:

- Os 7 Hábitos das Pessoas Altamente Eficazes
  (Workshop de liderança pessoal e profissional)
- Foco
  (Workshop de produtividade)
- Os 4 Papéis do Líder
  (Workshop de liderança gerencial e organizacional)

Informações: fcbrasil@franklincovey.com.br

AUTORIZAÇÕES

Reproduzido com permissão de Ashleigh Brilliant.
Copyright @2000 Ashleigh Brilliant.
www.ashleighbrillant.com

Reproduzido com permissão de Flash Rosenberg. Extraído do livro *Creme de la Femme* by Anne Safran Dalin, published by Random House. Originally the piece was a cartoon, and it is part of the author's one-woman comic slide performance, "Camping in the Bewilderness".

Extraído de *Wake-Up Calls: You Don't Have to Sleepwalk Through Your Life, Love, or Career!* by Eric Allenbaugh. Published 1994. Simon and Schuster. Reproduzido com permissão. Todos os direitos reservados.

Reproduzido de *How to Talk to Anyone, Anytime, Anywhere: The Secrets of Good Communication* by Larry King with Bill Gilbert. Copyright @1994 Crown Publishers. Reproduzido com permissão de Crown Publishers.

The National Standardized Love Test by Annie Pigeon. Copyright @2000 by Annie Pigeon. Usado com permissão de Adams Media Corporation. Todos os direitos reservados.

LEITURAS RECOMENDADAS

Barbach, Lonnie. *50 Ways to Please Your Lover while You Please Yourself*. Dutton, 1997.

Bolton, Robert. *People Skills: How to Assert Yourself, Listen to Others, and Resolve Conflicts*. Touchstone, 1979.

Breathnach, Sarah Ban. *Algo mais, encontrando o que falta para ser feliz*. Sextante, 2002.

Carter-Scott, Chérie. *Se o amor é um jogo, estas são as regras*. Rocco, 2003.

Covey, Stephen R. *Os 7 hábitos das pessoas altamente eficazes*. Best Seller, 2000.

_____. *Vivendo os 7 hábitos*. Best Seller, 2000.

Dimitrius, Jo-Ellan, and Mark Mazzarella. *Decifrar pessoas*. Alegro, 2000.

Evans, Patricia. *The Verbally Abusive Relationship: How to Recognize It and How to Respond*. Adams Media Corporation, 1996.

Faber, Adele, and Elaine Mazlish. *How to Talk So Kids Will Listen and Listen So Kids Will Talk*. Avon Books, 1999.

Gray, John. *Homens são de Marte, mulheres são de Vênus*. Rocco, 1997.

King, Larry, with Bill Gilbert. *How to Talk to Anyone, Anytime, Anywhere*. Crown Trade Paperbacks, 1994.

Leiberman, David J. *Never Be Lied to Again: How to Get the Truth in 5 Minutes or Less in Any Conversation or Situation*. St. Martin's Press, 1998.

McGraw, Phillip C. *Resgate seu relacionamento*. Bertrand, 2002.

McKenna, Colleen. *Poderosas habilidades de comunicação*. Amadio, 2003.

Nichols, Michael P. *The Lost Art of Listening: How Learning to Listen Can Improve Relationships*. Guilford Press, 1996.

Rosen, Mark. *Thank You for Being Such a Pain: Spiritual Guidance for Dealing With Difficult People*. Harmony Books, 1998.

Stettner, Morey. *The Art of Winning Conversation*. Prentice Hall, 1995.

_____. *The Art of Winning Conversation: Proven Techniques for Personal and Professional Success*. Fine Communications, 1999.

Stone, Douglas, Bruce Patton, and Sheila Heen. *Difficult Conversations: How to Discuss What Matters Most*. Penguin USA, 1999.

Tannen, Deborah. *You Just Don't Understand: Women and Men in Conversation. Ballantine Books*, 1990.

_____. *That's Not What I Meant: How Conversational Style Makes or Breaks Relationships*. Ballentine Books, 1986.

VanZant, Iyanla. *Faith in the Valley*. Simon & Schuster, 1998.

Outras maneiras fáceis de receber informações sobre nossos lançamentos e ficar atualizado.

- ligue grátis: **0800-265340** (2ª a 6ª feira, das 8:00 h às 18:30 h)
- preencha o cupom e envie pelos correios (o selo será pago pela editora)
- ou mande um e-mail para: **negocio@negocioeditora.com.br**

NEGÓCIO EDITORA

Nome: ____________________

Escolaridade: ____________________

Endereço residencial: ____________________

Bairro: ________ Cidade: ________ Estado: ________

CEP: ________ Tel.: ________ Fax: ________

Empresa: ____________________

CPF/CGC: ____________________

Costuma comprar livros através de: ❑ Livrarias ❑ Feiras e eventos ❑ Mala direta ❑ Internet

Sua área de interesse é:

❑ **LIVROS-TEXTO**	❑ **NEGÓCIOS**	❑ **INTERESSE GERAL**	❑ **INFORMÁTICA Nível**
❑ Administração		❑ Idioma	❑ Iniciante
❑ Informática		❑ Não Ficção	❑ Intermediário
❑ Economia		❑ Qualidade de Vida	❑ Avançado
❑ Comunicação			
❑ História			
❑ Ciência Política			
❑ Engenharia			
❑ Estatística			
❑ Física			
❑ Turismo			

NEGÓCIO EDITORA

PRT/RJ – 0456/02
UP AFONSO CAVALCANTI
DR/RJ

CARTÃO RESPOSTA
Não é necessário selar

O selo será pago por
Editora Campus

20299-999 - Rio de Janeiro - RJ

nas oficinas gráficas da EDITORA SANTUÁRIO
Fone: (12) 3104-2000 - fax: (12) 3104-2016
http://www.redemptor.com.br - Aparecida-SP